Zu diesem Buch

«In einer Literatur der dürftigen Seelen, der Hasser, Neider und Respektunfähigen ist Henry Miller der große Dankbare. Seine natürliche Äußerungsform ist die Begeisterung, eine Begeisterung, die, auch wenn sie ins Allgemeine schweift, doch immer eng an den Gegenstand, an die Sinnlichkeit der unmittelbaren Erfahrung gebunden bleibt. Daß seine Leser sich dabei vornehmlich an eine Erfahrung gehalten haben, nämlich die sexuelle, ist eine willkürliche Akzentverlagerung – sie geht zu ihren, nicht zu seinen Lasten. In Wahrheit hat Miller seine vitale Hingabe allen großen und kleinen Dingen dieser Erde ziemlich gleichmäßig zuteil werden lassen – auch solchen, die man für gewöhnlich nicht zu den rühmenswerten zählt. Doch für ihn sind selbst noch die Qualen süß und die Niederlagen glorios, denn auch sie sind Wahrzeichen eines heftig und innig gelebten Lebens, das der Verluste nicht achtet. Ein wahrhaft überwältigendes Dokument solcher jung erhaltenden Lebensweisheit ist – hoch komisch und imponierend zugleich – die kleine Schrift aus dem Jahre 1974. Sie ist das Protokoll einer Alterstorheit ... Der Gegenstand seiner Anbetung ist eine junge Japanerin, die als Entertainerin in einer Bar tätig ist ... Er wird zum ‹romantischen Idioten›, der verliebte Pennälerbriefe schreibt und Japanisch lernt, um seiner ‹Nachtigall› näher zu sein, zum ‹glücklichen Wahnsinnigen, der um Liebe bettelt› ... Bis zu welchem Grad es ihm gelungen ist, über einen abgeschlossenen Vorgang nicht nur zu berichten, sondern ihn erinnernd mit allen Affekten neu zu durchleben und sein Publikum daran teilhaben zu lassen, zeigen die beigegebenen Aquarelle ... Produkt schlafloser Nächte, ‹Skizzen der Nichtigkeit›, angesiedelt zwischen Verwünschung und Verklärung» (Günter Blöcker in «Frankfurter Allgemeine Zeitung»).

Henry Miller, der am 26. Dezember 1891 in New York geborene deutschstämmige Außenseiter der modernen amerikanischen Literatur, wuchs in den Großstadtstraßen Brooklyns auf. Neun Jahre gehörte er dann den Pariser Kreisen der «American Exiles» an. In der von Peter Neagoe herausgegebenen avantgardistischen Anthologie «Americans Abroad» (1932) erregte er erstmalig mit der Erzählung «Mademoiselle Claude» Aufsehen, die auch in dem rororo-Band Millerscher Meistererzählungen «Lachen, Liebe, Nächte» (rororo Nr. 227) enthalten ist. Ein Jahr vorher hatte er sein viel umstrittenes, erstes größeres Werk «Wendekreis des Krebses» (rororo Nr. 4361) abgeschlossen, ohne Hoffnung, dieses alle moralischen und formalen Maßstäbe zertrümmernde Werk jemals gedruckt zu sehen. Dem Wagemut eines Pariser Verlegers verdanken wir die erste Buchveröffentlichung in englischer Sprache, der später ein romanhaft-autobiographisches Werk, «Wendekreis des Steinbocks» (rororo Nr. 4510) folgte, dann der Erzählungsband «Schwarzer Frühling» (rororo Nr. 1610). Diese Werke sowie «Der Koloß von Maroussi» (rororo Nr. 758), «Big Sur und die Orangen des Hieronymus Bosch» (rororo Nr. 849) und «Land der Erinnerung» (rororo Nr. 934) machten Henry Miller auch in Deutschland bekannt. Ferner erschienen Millers erzählerisches Kabinettstück «Das Lächeln am Fuße der Leiter» mit Illustrationen von Joan Miró, «Lawrence Durrell–Henry Miller: Briefe 1955–1959», «Stille Tage in Clichy», «Briefe an Anaïs Nin» (rororo Nr. 4751), «Sämtliche Erzählungen», das Erinnerungsbuch «Jugendfreunde», «Mein Leben und meine Welt» (rororo Nr. 1745), sein Rimbaud-Buch «Vom großen Aufstand» (rororo Nr. 1974), «Ein Teufel im Paradies» (rororo Nr. 4240), «Von der Unmoral der Moral» (rororo Nr. 4396) sowie die Trilogie «The Rosy Crucifixion» mit den Bänden «Sexus» (rororo Nr. 4612), «Plexus» (rororo Nr. 1285), «Nexus» (rororo Nr. 1242) und das von Lawrence Durrell herausgegebene «Henry Miller Lesebuch» (rororo Nr. 1461).

In der Reihe «rowohlts monographien» erschien als Band 61 eine Darstellung Henry Millers in Selbstzeugnissen und Bilddokumenten von Walter Schmiele, die eine ausführliche Bibliographie enthält.

Henry Miller

Insomnia
oder Die schönen Torheiten des Alters

Rowohlt

Aus dem Amerikanischen von Katja Behrens
Die Originalausgabe erschien 1974 unter dem Titel «Insomnia or The Devil at Large»
bei Doubleday and Company, Inc., Garden City, New York
Umschlagentwurf Werner Rebhuhn
(Aquarell von Henry Miller)

26.–29. Tausend August 1982

Veröffentlicht im Rowohlt Taschenbuch Verlag GmbH,
Reinbek bei Hamburg, Juli 1977
© 1974 Henry Miller and Gemini Smith Inc.
© 1975 Umschau Verlag, Breidenstein KG, Frankfurt a. M.
für die deutsche Ausgabe
Satz Times (Linotron 505 C)
Gesamtherstellung Clausen & Bosse, Leck
Printed in Germany
880-ISBN 3 499 14087 X

Zuerst war es ein gebrochener Zeh, dann eine gebrochene Miene und schließlich ein gebrochenes Herz. Aber, wie ich schon irgendwo sagte, das menschliche Herz ist unzerstörbar. Man stellt sich nur vor, es sei gebrochen. Was wirklich schwer mitgenommen wird, ist der Geist. Aber auch der Geist ist stark und kann, wenn man will, wiederbelebt werden.
Jedenfalls weckte mich der gebrochene Zeh immer gegen drei Uhr morgens. «Die Zauberstunde» – weil ich mir um diese Zeit die meisten Gedanken darüber machte, was sie wohl tat. Sie gehörte zur Nacht und zu den frühen Morgenstunden. Nicht der frühe Vogel, der den Wurm erwischt, sondern der frühe Vogel, dessen Lied Verheerung und Panik anrichtet. Der Vogel, der kleine Samen des Kummers auf dein Kissen fallen läßt.

First it was a broken toe, then a broken brow, and finally a broken heart. But, as I said somewhere, the human heart is indestructible. You only _imagine_ it is broken. What really takes a beating is the spirit. But the spirit too is strong and, if one wishes, can be revived.

Anyway, it was always about three in the morning when the broken toe awakened me. "The witching hour" — because it was at that time I wondered most what she might be doing. She belonged to the night and the wee hours of the morning. Not the early bird that catches the worm but the early bird whose song creates havoc and panic. The bird that drops little seeds of sorrow on your pillow

Um drei Uhr morgens, wenn du wahnsinnig verliebt bist und zu stolz, um sie anzurufen, besonders, wenn du fürchtest, daß sie nicht da ist, bist du geneigt, dich gegen dich selbst zu wenden und dich zu erstechen wie ein Skorpion. *Oder* du schreibst ihr Briefe, die du nie abschickst, oder du läufst im Zimmer umher, fluchst und betest, betrinkst dich oder spielst mit dem Gedanken, dich umzubringen.
Nach einiger Zeit wird diese Prozedur langweilig. Wenn du ein kreativer Mensch wärest – denk daran, zu dem Zeitpunkt bist du bloß ein beschissenes Nichts –, fragst du dich, ob du nicht vielleicht etwas aus deiner Qual machen könntest. Und genau so ging es mir an einem gewissen Tag gegen drei Uhr morgens. Ich beschloß plötzlich, meine Qual zu malen. Erst jetzt, während ich dies schreibe, wird mir klar, was für ein Exhibitionist ich sein muß.
Bestimmt sieht nicht jeder die Qual, die ich in

(2.)

At 3:00 A.M., when you're desperately in love and you're too proud to use the telephone, particularly when you suspect she is not there, you are apt to turn upon yourself and stab yourself, like the scorpion. <u>Or</u>, you write her letters you never mail, or you pace the floor, curse and pray, get drunk, or pretend you will kill yourself.

After a time that routine palls. If you were a creative individual — remember, at this point you are only a bloody shit! — you ask yourself if it might not be possible to make something of your anguish. And that is precisely what happened to me on a certain day around three in the morning. I suddenly decided I would paint my anguish. Only now, as I write this, do I realize what an exhibitionist I must be.

Not everybody, to be sure, rec-

a grand whoop-la!

The icy white maiden-head of love's logic!

The gorilla of despair beating his breast with immaculate gloved paws.

A giddy gorilla in a satin-like emptiness!

NADA

I am the form of a new insanity

A freak dressed in intelligible language

A splinter buried in the quick of the soul.

Shaking cobwebs out of the sky.

Insomnia #3,
Henry Miller 9/6/66

diesen verrückten Aquarellen dargestellt habe.
Manche finden sie tatsächlich ausgesprochen lustig. Und sie *sind* auf herzzerreißende Weise lustig. All diese verrückten Worte und Sätze – was hat sie hervorgebracht, wenn nicht ein verdrehter Sinn für Humor?
(Vielleicht begann es vor langer Zeit, mit einer anderen, der ersten, für die ich meinen ersten Veilchenstrauß kaufte, und als ich ihn ihr geben wollte, fiel er mir hin, und sie trat zufällig (?) darauf und zerquetschte ihn.) So kleine Dinge können sehr beunruhigend sein, wenn man jung ist.
Natürlich bin ich jetzt nicht mehr jung – was alles noch viel beunruhigender macht. Und selbstverständlich noch viel lächerlicher. Wohlgemerkt, abgesehen davon, daß, wenn es um Liebe geht, nichts, niemand, keine Situation jemals ganz lächerlich sein kann. Das eine, von dem wir nie genug bekommen können, ist Liebe. Und das

(3.)

ognizes the anguish I depicted in these crazy water colors. Some look upon them as right jolly, don't you know. And they _are_ jolly in a heart-rending way. All those crazy words and phrases — what inspired them if not a twisted sense of humor?

(Maybe it began long ago, with another one, the first one, for whom I bought my first bunch of violets, and as I was about to hand her them they slipped from my hand, and, accidentally (?) she stepped on them and crushed them.) Little things like this can be very disturbing when you are young.

Now, of course, I am no longer young — which makes everything all the more disturbing. And, needless to add, all the more ridiculous. Except, mark my words, that where love is concerned, nothing, nobody, no situation can ever be utterly ridiculous. The one thing we can never get enough

eine, von dem wir nie genug geben, ist Liebe.
«Liebe muß nicht bitten, auch nicht fordern . . .»
(Hermann Hesse) (Ich werde den Rest später zitieren. Ich habe es auf meine Wand geschrieben, es besteht also keine Gefahr, daß ich es vergesse.) Ja, auf diesen kleinen Satz, der manchem banal und abgedroschen erscheinen mag, stieß ich in einem höchst kritischen Augenblick.
«Liebe muß nicht bitten, auch nicht fordern.»
Das ist, als ob man von einem an Händen und Füßen Gefesselten verlangt, eine Leiter hochzuklettern. Man muß durch die Hölle gehen, bevor man eine so ungeheuerliche Wahrheit akzeptieren kann. Der Zyniker wird sagen, das ist etwas für Engel oder Heilige, nichts für sterbliche Menschen. Aber das Schreckliche ist, daß gerade das Unmögliche von uns gewöhnlichen Menschen verlangt wird. Wir sind es, für die Versuchung zur Erlösung führt. Wir sind es, die durchs Feuer gehen müssen – nicht um Heilige zu werden, sondern um vollkommen und für immer mensch-

of is love. And the one thing we never give enough of is love.

"Love must not entreat or demand...." (Hermann Hesse) (I will quote the rest of it later. I have it written on my wall, so there is no danger of forgetting.) Yes, this little phrase, which to some may seem banal and trite, I happened upon at a most critical moment.

"Love must not entreat or demand." It's like asking someone to climb a ladder with hands and feet tied. You have to go through agony before you can accept such sublime truth. The cynic will say it's meant for saints or angels, not mortal human beings. But the terrible truth is that it is precisely the impossible that is demanded of us ordinary human beings. It is we for whom temptation leads to salvation. It is we who must go through the fires — not to become saints but to become thoroughly and eternally human. It is

lich zu werden. Wir sind es, die mit unseren Fehlern und Schwächen die großen Meisterwerke der Literatur inspirieren. Wir sind selbst an unserem tiefsten Punkt noch vielversprechend.
(Amen! Ende der Kadenz!)
Da haben wir also diesen angeblich berühmten alten Mann (75, nicht weniger!), der ein junges Irrlicht verfolgt. Der alte Mann sehr romantisch, die junge Sängerin ziemlich nüchtern. Sie muß nüchtern sein, weil es ihr Geschäft ist, Männer in sich verliebt zu machen, zu törichten Dingen zu verleiten, teure Gewänder und Juwelen zu kaufen. Sie hat ihr Herz verloren, nicht in San Francisco, sondern in Shinjuku, Akasaka, Chiyoda-ku und dergleichen. Das heißt, als sie anfing, ihr täglich Brot zu verdienen.
Der alte Mann (*c'est à dire moi, Monsieur Henri*) hatte die ganze Szene vor fast vierzig Jahren geprobt. Er hätte es besser wissen müssen. Er hätte die Dinge auf sich zukommen lassen sollen. Aber er gehört zu der Sorte Menschen, die niemals aus Erfahrung klug werden. Und er bedau-

(5.)
we with our faults and frailties who inspire the great masterpieces of literature. We are full of promise, even at our worst.

(Amen! End-the cadenza!)

And so we have this reputedly famous old man (75, no less!) pursuing a young will-o'-the-wisp. The old man very romantic, the young songstress quite down to earth. She has to be down to earth because it's her business to make men fall in love, do foolish things, buy expensive gowns and jewels. She lost her heart, not in San Francisco, but in Shinjuku, Akasaka, Chiyoda-ku and such places. That is to say, when she began earning her daily bread.

The old man (c'est à dire moi, Monsieur Henri) had rehearsed the whole scene almost forty years ago. He should have known the score. He should have been able to play it by ear. But he happens to belong to that tribe of human beings who never learn

ert seine Schwäche nicht, denn die Seele wird nicht aus Erfahrung klug.
Ah, «*die Seele*»!!! Wie viele Briefe habe ich über die Seele geschrieben! Ich bezweifle, daß es ein Wort dafür in ihrer Sprache gibt. *Herz* haben sie, ja, aber *Seele* – ? (Jedenfalls möchte ich das glauben.) Und doch, kaum spreche ich davon, fällt mir ein, daß es ihre «Seele» war, in die ich mich verliebte. Natürlich verstand sie nicht. Anscheinend reden nur Männer über Seele. (Das ist eine sichere Art, eine Frau zu verlieren, über Seele zu reden.)
Und jetzt sollten wir ein bißchen vom Teufel reden, gesegnet sei sein Name! Denn der hatte seinen Anteil daran, bei meinem Leben. Einen bedeutenden Anteil, möchte ich hinzufügen. (Verzeihen Sie, wenn das nach Thomas Mann klingt.) Der Teufel, so ich ihn recht kenne, ist derjenige, der sagt – «Trau deinem Instinkt nicht. Hüte dich vor deiner Intuition!» Er will, daß wir

from experience. And he does not regret his weakness, for the soul does not learn from experience.

Ah, "the soul"!!! How many letters I wrote about the soul! I doubt if there is a word for it in her language. Heart they have, yes, but soul — ? (Any way, so I would like to believe.) And yet, no sooner than I speak thus than I remember that it was her "soul" I fell in love with. Naturally, she did not understand. Only men, it seems, talk about soul. (It's a sure way of losing a woman, to talk about soul.)

And now we should talk a bit about the Devil, blessed be his name! For he had a part in it, as sure as I live. A very important part, I may add. (Forgive me if I sound like Thomas Mann.) The Devil, if I know him right, is he who says — "Don't trust your instincts. Be wary of your intuitions!" He wants to keep us human—

menschlich bleiben – allzu menschlich. Wenn du auf den Abgrund zusteuerst, drängt er dich weiter. Er stößt dich nicht über die Klippe – er führt dich nur an den Rand. Und da bist du ihm ausgeliefert. Ich kenne ihn gut, denn ich hatte oft mit ihm zu tun. Er genießt es, dich seiltanzen zu sehen. Er läßt dich stolpern, aber er läßt dich nicht stürzen.
Natürlich ist es der Teufel in ihr, von dem ich rede. Und das war es, was sie so faszinierend machte, so wahr mir Gott helfe. Ihre Seele erschien mir engelgleich; ihr Wesen, wenigstens das, was sie davon zeigte, war teuflisch. Woraus setzt sie sich zusammen, fragte ich mich oft. Und jeden Tag fand ich eine andere Antwort. Manchmal erklärte ich sie durch Rasse, Herkunft, Erbanlagen, durch Krieg, Armut, Mangel an Vitaminen, Mangel an Liebe, alles und jedes, was mir einfiel. Aber es stimmte nie. Sie war sozusagen «*insolite*». Und warum mußte ich sie wie einen Schmetterling aufspießen? Genügte es nicht, daß sie sie selbst war? Nein! Das genügte

all-too-human. (7.) If you're headed for a fall, he urges you to keep going. He doesn't push you over the cliff — he merely leads you to the brink. And there he has you at his mercy. I know him well, for I have had traffic with him often. He delights in watching you walk the tight rope. He lets you slip, but he doesn't let you fall.

It's the Devil in her, of course, that I'm talking about. And it was that which made her so intriguing, so help me God. Her soul was to me angelic; her self, at least as she revealed it, was devilish. Of what ingredients was she made, I often asked myself. And every day I gave a different answer. Sometimes I explained her by race, background, heredity, by the war, poverty, lack of vitamins, lack of love, anything and everything I could think of. But it never added up. She was, so to speak, an "__insolite__". And why did I have to pin her down, like a butterfly? Wasn't it enough that she was herself? No! It wasn't.

nicht. Sie mußte etwas mehr sein oder weniger.
Sie mußte zu erfassen, zu verstehen sein.
Wie töricht das klingt. Es schien, daß sie für jeden ein «offenes Buch» war, nur nicht für mich.
Mir war sie ein Rätsel. Da ich mich kenne, versuchte ich zu glauben, daß das alles zu meiner
üblichen Reaktion auf Frauen gehörte. Wie ich
das Unerreichbare liebe! Aber diese Rechnung
ging nicht auf. Sie war wie eine dieser Zahlen,
die nicht teilbar sind. Sie hatte keine Wurzel.
Und doch konnten andere sie, wie gesagt, lesen.
Ja, sie versuchten, sie mir zu erklären. Zwecklos.
Es blieb immer ein Rest, über den ich mir nie
klar werden konnte.
Dieses Lächeln, mit dem sie mich gelegentlich
bedachte wie mit einem besonderen Geschenk –
allmählich kam ich darauf, daß sie praktisch jeden damit bedenken konnte, wenn sie in der
Stimmung war oder wenn sie etwas wollte. Und
ich ging immer wieder hin, bloß um zu sehen,
wie sie es austeilte! Wohin? Natürlich in die
Piano-Bar, wo sie jeden Abend sang und ihre
Reize verschenkte. (Genau wie mit der anderen,

(8.)
She had to be something more, or less. She had to be graspable, understanable.

And how foolish this sounds. Everybody "had her number", it seemed, except me. To me she was an enigma. Knowing myself as I do, I tried to believe that it was all part of my usual pattern with women. How I love the unattainable! But it didn't work, this sort of calculation. She was like one of those numbers which are indivisible. She had no square root. And yet, as I say, others could read her. In fact, they tried to explain her to me. No use. There was always a remainder which I could never figure out.

That smile which she gave me occasionally, like a special gift, I gradually observed she could give to most any one — if she were in the mood, or if she wanted something. And I would go again and again just to watch her hand it out! Go where? Why, to the piano bar where she sang nightly and dispensed her charms. (Just as I did

die ihre Kunden bis zum Paradies und weiter
«taxierte». Und ich dachte immer, du armer
Irrer, *ich* bin es, mit dem sie gerne tanzt.)
Der alte Mann! Wie verletzlich er ist. Wie rührend! Wie liebebedürftig – und wie leicht er sich
täuschen läßt! Aber seltsamerweise geht es nicht
so aus, wie Sie denken. Er hat sie schließlich gewonnen. Wenigstens glaubt er das. Aber das ist
eine andere Geschichte.
Abend für Abend die Bar. Manchmal fingen wir
mit einem Essen an – oben. Dann sah ich ihr
mit der gleichen Aufmerksamkeit beim Essen zu,
mit der ich später ihr Spiel und ihren Gesang
verfolgte. Oft war ich der erste in der Bar. Wie
herrlich, wie bezaubernd, ungeteilte Beachtung
zu finden! (Jeder andere hätte die gleiche Beachtung gefunden. Wer zuerst kommt, mahlt zuerst.)
Abend für Abend dieselben Lieder – daß sie
dabei nicht wahnsinnig wurde! Und immer mit

with the other who (9.) "taxied" her clients to
Paradise and beyond. Always thinking,
poor fool, it's _me_ she enjoys dancing with.)

The old man! How vulnerable he is!
How pathetic! How he needs love — and
how easily he accepts the counterfeit of it!
And yet, oddly enough, the end is not
what you think. He won her finally. At
At least, so he thinks. But this is another
story.

Night after night it was the bar. Sometimes it began with dinner — upstairs.
I would watch her eat with the same
attention as later I listened to her play
and sing. Often I was the first one at
the bar. How lovely, how enchanting to
receive exclusive attention! (It could
have been any one else, he would have
received the same attention. First
come, first served.)

Those same songs night after night —
how can any one do it and not go
mad? And always with feeling, as

Gefühl, als ob sie ihre ganze Seele gebe. Das
also ist das Leben einer Unterhalterin! sagte ich
mir. Dieselben Lieder, dieselben Gesichter, dieselben Reaktionen – und dieselben Probleme.
Wenn ich könnte, würde ich all das ändern. Sie
hat das bestimmt satt. Dachte ich.
Eine Unterhalterin hat das Spiel nie satt.
Schlimmstenfalls fängt es an, sie zu langweilen.
Aber nie lange. Ein Leben ohne Anerkennung,
ohne Beifall, ohne Applaus ist sinnlos für sie.
Da muß immer ein Meer von Gesichtern sein,
törichte Gesichter, blöde Gesichter, betrunkene
Gesichter – egal! Aber Gesichter. Es muß immer den romantischen Idioten geben, der zum
erstenmal da ist und mit Tränen in den Augen
ruft – «Du bist großartig! Du bist wunderbar!
Bitte sing das noch mal!» Und sie singt es noch
einmal, als singe sie nur für ihn und nie wieder.
Und wenn er ein wohlhabender Mann ist, vielleicht ein Schuhfabrikant, lädt er sie zum Rennen

if delivering her very soul. So that's the life of an entertainer! I used to say to myself. Same tunes, same faces, same responses — and same headaches. Given the chance, I would change all that. Surely she must be fed up with it. So I thought.

An entertainer is never fed up with the game. At the worst she gets bored. But never for long. Life without approval, without applause, without acclaim is meaningless to her. There must always be a sea of faces, silly faces, stupid faces, drunken faces — no matter! But faces. There must always be that starry-eyed idiot who appears for the first time and, with tears in his eyes, exclaims — "You're wonderful! You're marvelous! Please sing it again!" And she will sing it again, as if to him only and never again. And if he is a man of means, perhaps a shoe manufacturer, he

ein. Und sie nimmt die Einladung an, als sei das eine hohe Auszeichnung für sie.
Als Mr. Nobody an der Bar hatte ich einen großartigen Einblick in die ganze Schau. Wobei ich natürlich vergaß, daß ich eine Rolle darin spielte, vielleicht die traurigste. Einer nach dem andern gestanden sie mir, wie sehr sie sie liebten, und ich, ich hörte zu, als sei ich immun, aber immer mitfühlend und verständnisvoll.
«Liebe muß die Kraft haben, in sich selbst zur Gewißheit zu kommen . . .» (Hermann Hesse)
Zunächst jedoch muß man lernen, mit den Kräften zu kämpfen, welche die Basis der Wirbelsäule beherrschen, das heißt, Kundalinis Schwäger und Schwägerinnen.
«Guten Morgen, Fröken, würden Sie mir erlauben, Sie ein wenig an der Puffe anzufassen?»
(Das sagt mein zweites Ich, Herr Nagel.)
All diese herrlichen Lieder, die mir in der Rübe herumfahren, während ich im Taxi dahinfahre.
«Was soll ich für dich singen?» Wie Madame

(11.)
will ask her to go to the races. And she will accept the invitation, as if he had bestowed a great honor on her.

Sitting there at the bar, playing the part of Mr. Nobody, I had a wonderful insight into the whole show. Forgetting, of course, that I was a part of it, perhaps the saddest part. One by one they would confess to me, tell me how much they loved her, and I, I would listen as if immune, but always sympathetic and full of understanding.

"Love must have the power to find its own way to certainty...." (Hermann Hesse)

First though one has to learn to battle with the powers that rule the base of the spine, viz, Kundalini's brothers and sisters-in-law.

"Good morning, Fröken, is it permitted to touch your puff to-day?" (My alter ego, Herr Nagel, speaking.)

All those beautiful tunes rolling around in my noodle as I roll along in the cab. "What would you like me to sing?" Like Madame

Yamaguchi, die um Erlaubnis bittet, ihrem betrunkenen Gatten die Schuhe auszuziehen.
Warum nicht «Irish Eyes are Smiling?» Oder «By Killarney's Lakes and Dells?» Alles, worin ein Lächeln vorkommt, so daß ich so tun kann, als sei ich glücklich. «There are smiles that make you happy, there are smiles ...» Und warum nicht ein Schuß Bitters? Manchmal lächelte ich so viel, daß ich nicht aufhören konnte, wenn ich zu Bett ging. Dann lag ich mit geschlossenen Augen da und lächelte zurück. Und hin und wieder stand ich auf und machte eine tiefe Verbeugung – die Verbeugung äußerster Unterwürfigkeit. (Es gibt ein gutes Wort dafür auf japanisch – ich habe es im Augenblick vergessen.)
Jedenfalls bricht sie einem das Rückgrat, und obendrein hält sie dich in Schwung für die Kränkungen des nächsten Tages. Verliere nie das Gesicht! Ob du Ausflüchte oder Empörung über dich ergehen lassen mußt, ob sie dich hinhält oder dir etwas vormacht, ob Halluzinationen oder gar Konstipationen dich plagen, lächle, verbeuge dich.
Trotz aller Schikanen, Frivolitäten und Lügen glaubte ich an sie. Ich glaubte, selbst wenn ich

Yamaguchi begging permission to remove her drunken husband's shoes. Why not "Irish Eyes are Smiling"? Or, "By Killarney's Lakes and Dells?" Anything with a smile in it so that I can pretend I'm happy. "There are smiles that make you happy, there are smiles...." And why not a dash of Bitters? Sometimes I smiled so much it wouldn't come off when I went to bed. I would lie there with eyes closed, smiling back. Now and then I'd get up and do a low bow — the bow of extreme humility. (They have a good word for it in Japanese — I forget what it is now.) Anyway, it's a back-breaker. What's more, it keeps you in trim for the next day's insults. Never lose face! If you meet with prevarication, indignation, procrastination, hallucination, falsification, vacillation, or even constipation, keep smiling, keep bowing.

Despite all the chicanery, all the frivolity, and mendacity, I believed

wußte, daß sie mich anlog. Ich fand eine Entschuldigung für jede Dummheit, jeden Fehler, jeden Verrat, den sie beging. War ich nicht auch manchmal ein Lügner? War ich nicht auch ein Schwindler, ein Aufschneider, ein Verräter? Wenn man liebt, muß man glauben, und wenn man glaubt, versteht man und verzeiht. Ja, all das konnte ich, *aber* – ich konnte nicht vergessen. Ein Teil von mir ist ein kompletter Idiot und ein anderer Detektiv, Richter und Henker. Ich kann wie ein braves Kind zuhören und gleichzeitig Yankee Doodle Dandy rückwärts singen. Noch Wochen später konnte ich mich an unvollendete Sätze erinnern und sie nach Belieben ergänzen – mit Variationen. Aber ich hielt mich zurück. Ich wollte sehen, und ich lag auf der Lauer, um zu sehen, woran *sie* sich erinnern würde.

Aber ihr lag nichts daran, sich zu erinnern oder zurückzublicken. Sie erschloß immer neue Forschungsbereiche, als ob sie Erde auf den Sarg schaufle, um die Vergangenheit zu begraben.

in her. I believed (13.) even when I knew she was lieing to me. For every wrong, stupid, treacherous thing she did I could make excuses. Wasn't I a bit of a liar myself? Wasn't I too a cheat, a humbug, a traitor? If you love you must believe, and if you believe you understand and forgive. Yeah, I could do all that *but* — I couldn't forget. Part of me is a sublime idiot and another part is detective, judge and executioner. I can listen like an obedient child and sing Yankee Doodle Dandy backwards at the same time. I could remember weeks later unfinished phrases and sentences, and fill in the missing parts at will — with variations. Only I refrained from doing so. I wanted to see, and I lay in wait to see, what *she* would remember to remember.

But she wasn't much for recalling or remembering. She always opened up new fields of exploration, like covering the coffin with spades full of dirt to bury

Jetzt ist sie begraben, laß uns tanzen! Jetzt ist sie tot, laß uns fröhlich sein! «Was hast du morgen vor? Ich ruf dich gegen vier an, o. k.?» – «O. k.» Aber es gab nie ein Morgen. Es war immer gestern.
Das Vorgestern war etwas anderes. Ich meine ihr Leben mit anderen, ihr Liebesleben sozusagen. Irgendwie schien all das im Tresor der Erinnerung verschlossen. Nur eine Ladung Dynamit konnte es freilegen. Außerdem, war es wirklich wichtig, wirklich notwendig, auf all das einzugehen? «Liebe muß die Kraft haben etc. etc. etc.» Vielleicht bildete ich mir nur ein, verliebt zu sein. Vielleicht war ich einfach hungrig, einsam, eine Tontaube, die jeder mit einer Spielzeugpistole abschießen konnte. Ich versuche, mich zu erinnern – wann habe ich mich in sie verliebt? Nicht, als wir uns kennenlernten, das steht fest. Wenn ich sie nie wiedergesehen hätte, wäre ich nicht im geringsten beunruhigt gewesen. Ich erinnere mich noch, wie erstaunt ich war, als sie

the past. Now it's buried, let's dance! Now it's dead, let's make merry! "What are you doing to-morrow? I'll call you around four, O.K.?" "O.K." But there never was a to-morrow. It was always yesterday.

The day before yesterday was another matter. I mean her life with others, her love life, so to speak. Somehow all that seemed locked in the vault of memory. Only a stick of dynamite could open it. Besides, was it really important, really necessary to go into all that? "Love must have the power, etc. etc. etc." Maybe I only thought I was in love. Maybe I was simply hungry, lonely, a clay pigeon any one could put away with a toy pistol.

I try to think — when did I first fall in love with her? Not the first time we met, that's definite. If I had never met her again it wouldn't have bothered me in the least. I remember how surprised I was when she called

mich am nächsten oder übernächsten Tag anrief.
Ich erkannte nicht einmal ihre Stimme wieder.
«Hallo! Hier spricht Ihre kleine Freundin aus
Tokio.» So hat es wirklich angefangen. Am Telefon. Ich fragte mich, was mir die Ehre eines Anrufs verschaffte. Vielleicht war sie einsam. Sie
war erst vor ein paar Wochen angekommen.
Vielleicht hatte jemand ihr erzählt, daß ich verrückt auf den Orient war, genauer auf orientalische Frauen. Noch genauer, auf japanische
Frauen.
«Du stehst wirklich auf ihnen, was?» sagt ein
Freund von mir immer.
Die, auf denen ich am meisten stehe, sind wahrscheinlich noch in Japan. Wie Lawrence in «Italienische Dämmerung» gesagt hat – «Die Pfeifer
gehn nach Amerika». Es gibt Menschen, die in
der falschen Zeit geboren sind, und es gibt Menschen, die in der falschen Nation, Gesellschaftsschicht und Tradition geboren sind. Nicht direkt
Einzelgänger, sondern verbannte, freiwillige Verbannte. Sie sind auch nicht immer romantisch:

me the next day, or the day after. I didn't even recognize her voice. "Hello! This is your little friend from Tokyo speaking." That's how it really began. Over the telephone. Me wondering why I should be honored with a call. Maybe she was lonesome. She had only arrived a few weeks before. Maybe some one had tipped her off that I was crazy about the Orient, particularly about Oriental women. More particularly about the Japanese woman.

"You really dig them, don't you?" a pal of mine keeps saying.

The ones I dig most are still in Japan, I guess. Like Lawrence said in "Twilight in Italy" — "The whistlers go to America." There are people who are born out of time and there are people who are born out of country, caste and tradition. Not loners exactly but exiles, voluntary exiles. They're not always romantic, either: they just don't belong. And I mean —

sie gehören einfach nirgendwohin. Wirklich nirgendwohin.
Wir führten eine ziemlich ausgedehnte Korrespondenz. Das heißt, ich. Ihr Beitrag war ein Brief und ein halber. Auf jeden Fall hat sie nicht alle meine Briefe gelesen, aus dem einfachen Grund, weil ich sie nicht alle abgeschickt habe. Die Hälfte liegt noch in meiner malerischen alten New England-Kommode. Manche sind frankierte Eilbriefe. (Wie ergreifend wäre es, wenn jemand ihr die schicken würde, nachdem ich sechs Fuß unter der Erde bin!) Dann könnte ich, frei nach meinem geliebten Idol, von oben flüstern: «Meine liebe Koi-bito, wie süß, diese *rabu reta* (Liebesbriefe) über Gottes Schulter zu lesen.» Wie die Franzosen sagen – «*Parfois il se produit un miracle, mais loin des yeux de Dieu.*» Gott ist an Wundern nicht interessiert. Schließlich ist das Leben selbst ein einziges andauerndes Wunder. Erst wenn man wahnsinnig verliebt ist, hofft man auf Wunder.
Dans mon âme je nage toujours.

nowhere.

We carried on quite a correspondence. That is, I did. Her contribution was a letter and a half. To be sure, she never read all my letters, for the simple reason that I didn't mail them all. Half of them are in my quaint old New England chest. Some of them are marked and stamped "Special Delivery". (What a touching thing it would be if some one sent her these after I am six feet under!) Then, to paraphrase my beloved idol I could whisper from above: "My dear Koi-bito, how sweet to read these <u>rabu reta</u> (love letters) over God's shoulder." As the French say — "<u>Parfois il se produit un miracle, mais loin des yeux de Dieu.</u> God isn't interested in miracles. After all, life itself is just one prolonged miracle. It's when you're madly in love that you look for miracles.

<u>Dans mon ame je nage toujours.</u>

Bei alldem lernte ich Japanisch. Nicht bei *ihr* –
sie hatte nie Zeit. Einer meiner ersten Fehler
war, daß ich ihr bei dem Versuch, mein Japanisch anzubringen, sagte, sie sehe schrecklich aus.
Ich hatte sagen wollen: «Du siehst reizend aus.»
(Wie das mit den Veilchen!) Eines lernte ich
schnell, nämlich, daß Geld (*kane*) ehrenwert ist.
Es ist nicht einfach *kane*, sondern *O-kane*.
(Das *O* bedeutet ehrenwert.) Andererseits
spricht man von seiner Frau gewöhnlich als «dieses häßliche, dumme, elende Geschöpf». Das ist
natürlich nicht wörtlich zu nehmen. Bloß ein umgekehrter Achtungserweis. Im Japanischen wird
vieles auf den Kopf gestellt oder von innen nach
außen gekehrt, aber mit der Zeit gewöhnt man
sich daran. Wann immer du im Zweifel bist, sag
Ja! und lächle. Zeig nie deine Backenzähne –
nur die vorderen, besonders die mit Goldkrone.
Wenn du einen alten Freund triffst, dessen Mutter oder Tochter gerade gestorben ist, lachst du.
Das bedeutet, daß es dir sehr leid tut. Ich lernte
auch schnell zu sagen – «die, nach der ich mich

And while all this was going on I was taking lessons in Japanese. Not from her — she never had time. One of the first mistakes I made, in trying out my Japanese, was to tell her she looked terrible. I had meant to say "You look lovely." (Like dropping the violets, what!) One thing I quickly learned was that money (Kane) is honorable. It's not just "Kane", but O-Kane. (The O stands for honorable.) On the other hand one's wife is usually referred to as "that ugly, silly, miserable creature". Not to be taken literally, of course. An inverted sign of respect, that's all. Many things are upside down or inside out in Japanese, but you get used to it after a while. Whenever in doubt say Yes! and smile. Never show your back teeth — only your front ones, especially the gold-capped ones. If you meet an old friend whose mother or daughter has just passed away you laugh. That means you feel very sorry.

Very soon I learned how to say "the

sehne». (*Bojo no hito*) Und *bakari* – die eine
und einzige. Aber keines dieser Schlagworte
brachte mich weiter.
In Wirklichkeit brachte nichts mich weiter. Ich
hatte meine Karten zu früh aufgedeckt. Japanische Mädchen anscheinend nicht so romantisch.
Mamma-san und Papa-san wählen netten Mann
für Cho Cho-san, Mann mit Ahnenreihe, guter
Stellung, guter Gesundheit und so weiter. Cho
Cho-san soll sich freuen, sein sehr dankbar.
Manchmal Cho Cho-san sehr traurig. Einmal sie
macht *seppuku* – wirft sich in Fluß oder springt
von Wolkenkratzer. (Nie Harakiri.)
Henry-san viel Mitleid mit japanischer Frau. Er
am liebsten heiraten *alle* japanischen Frauen, ob
kire oder *kirai*. Alle japanischen Frauen lieben
teure Blumen – für Henry-san. Henry-san
dummer Mann. Zu romantisch, zu vertrauensvoll,
zu gläubig. Henry-san keine Erfahrung mit japanischer Frau. Henry-san lesen zu viele Bücher.

one I long for." (18.) (<u>Bojo</u> <u>no hito</u>) And
"<u>bakari</u>" — the one and only one. But
none of those catch phrases advanced me
very far.

The truth is nothing got me very
far. I had shown my hand too soon.
Japanese girl not so romantic, it seems.
Mamma-san and Papa-san pick out
nice husband for Cho Cho-san, man with
pedigree, good job, good health and so
forth. Cho cho-san supposed to like very
much, be very grateful. Sometimes Cho
Cho-san very sad. Some time she make
<u>seppuku</u> — throw self in river or jump
from skyscraper. (never hara-kiri.)

Henry-san feel very sorry for Japanese woman. He feel like marrying all
Japanese women, whether <u>kirei</u> or <u>kirai</u>.
All Japanese women like precious
flowers — to Henry-san. Henry-san
foolish man. Too romantic, too trust-
ing, too believing. Henry-san no experience with Japanese woman. Henry-san
read too many books. Now Henry-san

Jetzt Henry-san anfängt, viele japanische Frauen kennenzulernen. Er anfängt zu verstehen, sie nicht alle gleich aussehen, gleich sprechen, gleich handeln, gleich denken. Manche sehr häßlich, manche sehr vulgär, manche sehr dumm, manche sehr blöde. Trotzdem Henry-san mag japanische Frau. Mag mehr, vielleicht noch mehr, wenn sie hat auch jüdisches Blut oder koreanisches Blut oder hawaiisches Blut. Macht Blume mehr exotisch. Henry-san immer mag die exotische, die geheimnisvolle Frau. Henry-san immer noch Junge aus Brooklyn. *Gomen nasai.*

Es heißt, die japanische Sprache sei ziemlich vage. Aber das japanische Denken ist sehr klar, sehr scharf, sehr schnell. Man braucht etwas nur einmal zu sagen, und es rastet ein. Natürlich gibt es vieles, was man nie sagen darf. Zarte Seelen? Dünnhäutig wäre treffender. Man ist nie ganz sicher, ob man jemanden gekränkt hat oder nicht. «Habe ich dich verletzt?» – «Ja, du hast mich nicht verletzt.» Die Augen, die oft dunkel und unergründlich sind, sagen mehr als Worte. Manchmal

begin to meet many Japanese women. He begin to understand they don't all look alike, talk alike, act alike, think alike. Some very ugly, some very vulgar, some very stupid, some very silly. Still, Henry-san like Japanese woman. Like better, more better maybe, when she also have Jewish blood or Korean blood or Hawaiian blood. Make flower more exotic. Henry-san always like the exotic, the mysterious woman. Henry-san still a Brooklyn boy. <u>Gomen nasai.</u>

They say the Japanese language is rather vague. But the Japanese mind is very bright, very sharp, very quick. You only have to say a thing once and it registers. There are many things you must never say, to be sure. Tender souls? Thin-skinned would be closer. You're never quite sure if you have caused offense or not. "Did I hurt your feelings?" "Yes, you did not hurt my feelings." The eyes, which are often dark and fathomless, tell more than words.

leuchtet das ganze Gesicht auf, aber nicht die Augen. Ein bißchen unheimlich, nicht wahr? Wenn es möglich wäre, das auszudrücken, was mich an ihr so fesselte, würde ich sagen, daß es ihre Augen waren. An und für sich waren sie gar nicht besonders ungewöhnlich; faszinierend und beunruhigend war das, was sie in sie hineinlegte (oder wegließ). Obwohl sie immer dunkel waren, konnten sie manchmal aufleuchten, als brennten sie, oder sie konnten einfach glimmen. Oder sie konnten Flammen schießen. Oder sie konnten, vollkommen ausdruckslos, erlöschen, in die Tiefen ihres Wesens hinein. Selbst wenn sie lustig waren, lag immer eine verborgene Traurigkeit darin. Man verspürte den Wunsch, sie zu beschützen – aber wovor? Das wußte sie selber nicht. Etwas lastete auf ihrer Seele, und das schon seit langer, langer Zeit. Man spürte das auch, wenn sie sang. Sobald sie zu singen begann, war sie ein anderer Mensch. Es war nicht so sehr, daß sie ihr Herz hineinlegte, wie wir sagen – und sie konnte das –, sondern mehr, daß ihre Seele durchkam. «So ein süßes, liebreizen-

Sometimes the whole face lights up, but not the eyes. A bit eerie, what!

If it were possible to put my finger on the one element in her which got me I would say it was her eyes. Of themselves they were not so very uncommon; it was what she put into them (or left out) which was fascinating and disturbing. Dark though they always were, they could light up at times as if afire, or they could simply smoulder. Or they could dart flames. Or they could die away, perfectly expressionless, into the recesses of her being. Even when gay there was always a latent sadness in them. You felt as if you wanted to protect her — but from what? She herself couldn't tell you. Something weighed on her soul, and had been for a long, long time. One sensed this also when she sang. The moment she opened her throat she was another personality. It was not so much that she put her heart in it, as we say — and she could do that — as it was that her soul came through. "Such

des Geschöpf», hörte ich die Leute oft sagen.
Das stimmte, wenn man nur die Maske sah. In
den Tiefen ihres Wesens war sie ein Vulkan. In
ihren Tiefen herrschte ein Dämon. Er diktierte
ihre Stimmungen; er regelte ihr Verlangen, ihre
Wünsche, ihre Sehnsüchte und Begierden. Er
muß schon früh im Leben Besitz von ihr ergriffen haben – sie sozusagen «gamahuched» haben.
(Natürlich nur eine Vermutung von mir.)
Manche Lieder sang sie in beiden Sprachen. Irgendwie gefielen sie mir auf japanisch immer
besser. Wenn ich gelegentlich ein bißchen besoffen nach Hause kam, sagte ich mir – «Besorg
dir eine kleine Bulbul und lehr sie, dir auf japanisch vorzusingen.» So würde mich der Ausdruck
ihrer Augen nicht foltern. Man stelle sich vor,
wie sie «Fly me to the Moon» singt! Und wie
schön, ihr nach dem soundsovielten Mal den
Hals umdrehen und sie in den Mülleimer werfen
zu können.
Abend für Abend dieselben spleenigen, sentimentalen Lieder – der Gedanke, daß irgend jemand das über sich brachte, erstaunte mich nicht

a sweet, lovely creature," I often heard people say. True, if you looked only at the mask. In the depths of her being she was a volcano. In her depths a demon reigned. He dictated her moods; he regulated her appetites, her desires, her longings and cravings. He must have taken possession of her early in life — "gamahuched" her, so to speak. (Pure conjecture on my part, of course.)

Some songs she sang in both languages. It always sounded better to me in Japanese somehow. Coming home a little swacked on occasion I would say to myself — "Get yourself a bulbul and teach it to sing to you in Japanese." Like that I wouldn't be tortured by the look in her eyes. Imagine it singing "Fly me to the moon"! And how nice to be able, after the umpty-umpth time to wring its neck and throw it into the garbage can.

Those same dotty, sentimental tunes night after night — the thought of any one being able to do that not only

nur, sondern empörte mich. Wieviel Geduld das
erfordern muß! Aber auch wieviel Unempfind-
lichkeit. *Mais, comme on dit, les femmes n'ont
ni goût, ni dégoût.* Jedenfalls fühlte ich mich trotz
der Wiederholung, trotz der Monotonie immer
wie ein Seestern, der im gefrorenen Tau des
Mondes schwimmt. Ich trug meinen eigenen
Leierkasten in der Westentasche. Bubu, oder
war es «Bobo», wartete immer geduldig. Mein
größter Rivale war das Mah-Jong. Wer würde
das glauben? Um die ganze Nacht aufzubleiben
und dieses blöde Spiel zu spielen, hätte sie alles
geopfert, außer vielleicht einem Nerzmantel.
Mah-Jong! *Ennui, douleur, tricherie, connerie,
malaise, malheur, sommeil* und *caca partout* –
so sah ich es. Untertrieben gesagt.
Während sie mit den Steinen klappern, pfeift
irgendein Penner in einer dunklen Ecke «My
Japanese Sandman» zwischen den Zahnstum-
meln. Alles für ein Spiel Mah-Jong. Unglaublich,
aber wahr.
Ich erinnere mich noch, wie dieses verdammte
Spiel die große Mode in diesem Land wurde –

amazed but disgusted me. What endurance it must require! But what insensitivity, too. *Mais, comme on dit, les femmes n'ont ni goût, ni dégoût.* Anyway, despite the repetition, despite the monotony, I always felt like a starfish swimming in the frozen dew of the moon. I carried my own *orgue de Barbarie* in my vest pocket. Bubu, or was it "Bobo", always waited patiently. My greatest rival was Mah-Jong. Who would believe it? To stay up all night and play that stupid game she would sacrifice anything, except perhaps a mink coat. Mah-Jong! *Ennui, douleur, tricherie, connerie, malaise, malheur, sommeil* and *caca partout* — such was my interpretation of it. An understatement. While they rattle the pieces some snoozer in a dark corner whistles "My Japanese Sandman" between his broken teeth. Anything for a game of Mah-Jong. Unbelievable, but true.

I can remember when the bloody game became the rage in this country —

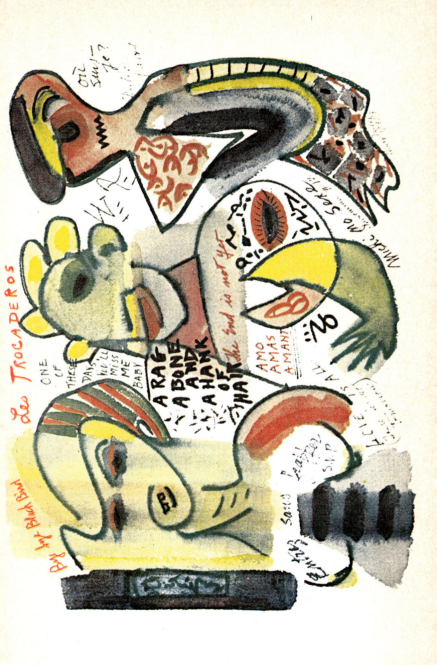

um 1900 herum, glaube ich. Ja, sie spielten es sogar in Brooklyn. Ich war damals noch ein Kind, und es machte mir Spaß, mit den Steinen zu hantieren. Ich glaubte immer, meine Eltern spielten Chinesen. Es kam mir wie ein aristokratisches Spiel vor. Arme Leute hatten kein Mah-Jong. Arme Leute sprachen nicht chinesisch und auch nicht japanisch. Jedenfallls hielt sich die Mode nicht sehr lange. Sie verschwand mit der Gummipflanze und den Antimakassars oder wie sie hießen. Damals gab es glücklicherweise noch keine Schlaf- und Wachtabletten. Man mußte morgens zur Arbeit gehen, Kopfweh oder nicht. Alka-Seltzer war noch nicht erfunden worden. Und die Leute schrieben auch noch keine Schecks, um ihre Verluste zu begleichen.
Um zu der Piano-Bar zurückzukommen . . . Natürlich gab es die Schutzpatrone oder wie es heutzutage heißt – die Geldonkel. Und das altbekannte Gerede – «Sie wollen nichts, sie sind harmlos.» Als ob es ihnen Spaß machte, für imaginäre Ficks zu zahlen. Alles ehrbar aussehende Bürger, wahrscheinlich kastriert. Alle mit Stielaugen und Ameisen im Hintern. Alle in C-Moll auf dem Flug zum Mond.

(23.)

circa 1900, it seems to me. Yes, even in Brooklyn they were playing it. I was just a kid then and I liked to handle the pieces. I used to think they were pretending to be Chinks, my folks. It seemed like an aristocratic game. Poor people didn't have Mah-Jong sets. Poor people didn't speak Chinese or Japanese. Anyway, the rage didn't last very long. It went out with the rubber plant and the antimacassars or whatever they were called. In those days, fortunately, they didn't have sleeping-and-waking pills. One had to go to work in the morning, headache or no headache. Alka-Seltzer hadn't been invented yet. Nor did people write checks to pay their losses.

To get back to the piano bar.... There were, of course, the patron saints, or in modern parlance — the Sugar Daddies. And that all too familiar line — "They don't mean anything, they're harmless." As if they enjoyed paying for imaginary fucks. All respectable looking citizens, supposedly castrated. All with telescopic vision and ants in their pants. All flying to the moon in the key of C minor.

Wenn «das Bordell das Schlachthaus der Liebe» ist, wie Victor Hugo gesagt hat, dann ist die Piano-Bar das Tor zur Halle der Onanie. Diese verrückten, sentimentalen Liebeslieder – alle in ihrem Notizbuch niedergeschrieben, auf englisch, japanisch, spanisch, italienisch, französisch . . . «What now, my love?» «You are all I long for, all I worship and adore.» «Call me if you're feeling sad and lonely. Maybe it's late, but just call me!» «Love me with all your heart!» «I wish you love.» «Love ist a many-splendor'd thing.» «Love me and the world is mine.» «Our love is here to stay.» «I can't stop lovin' you.» «It must be him – and I love him.» «All of me – why not take all of me?» «More than the greatest love the world has known – this is the love I'll give to you alone.» «All the things you are.» «After you'r gone.» «I can't give you anything but love.» «I'll cling to a dream from afar.» «Let's pretend.» «Bye bye blackbird!» «Fascination.» «Infatuation.» Plus Konstipation, Irritation, Prävention, Frustration, Erektion und die Heilige

(2 4.)

If, as Victor Hugo said, "the brothel is the slaughterhouse of love," then the piano bar is the gateway to the hall of masturbation. Those crazy, sentimental love tunes — all written down in her notebook in English, Japanese, Spanish, Italian, French.... "What now, my love?" "You are all I long for, all I worship and adore." "Call me if you're feeling sad and lonely. Maybe it's late, but just call me!" "Love me with all your heart!" "I wish you love." "Love is a many-splendor'd thing." "Love me and the world is mine." "Our love is here to stay." "I can't stop lovin' you." "It must be him — and I love him." "All of me — why not take all of me?" "More than the greatest love the world has known — this is the love I'll give to you alone." "All the things you are." "After you're gone." "I can't give you anything but love." "I'll cling to a dream from afar." "Let's pretend." "Bye bye Blackbird!" "Fascination." "Infatuation." Add Constipation, Equivocation, Prevarication, Lamentation, Fornication and the

Brüderschaft der Lokomotivführer. Minus ein
Schmetterlink und geteilt durch einen Maeterlinck. *À la fin ce fût déplorable.* Mit anderen
Worten – «Itchy-koo und Kalamazoo.» Oder
auf japanisch – «*Aishite 'ru!*» (Ich liebe dich).
Alles in allem war es das alte Problem des glücklichen Wahnsinnigen, der um Liebe bettelt. «*Ich
liebe dich!*» Wenn ich es auf englisch sagte, bedeutete es nichts (wer hätte beispielsweise gedacht, daß ein so schönes Wort wie *omanko*
Fotze bedeutet?). Und wenn ich es auf japanisch
sagte, war es *verboten*, weil verfrüht. *Lieben.*
«Leichter gesagt als getan», sagte sie mir einmal
am Telefon. Heirate zuerst, dann sprich von
Liebe – das war die Devise. Doch jeden Abend
in der Piano-Bar war es nichts als Liebe, Liebe,
Liebe. Ströme von Liebe ergossen sich aus den
Tasten; Nachtigallen trällerten in ihrer Kehle,
sangen von Liebe zwischen den Rosen. Um ein
Uhr nachts ging der Laden in Liebe auf. Selbst
die Kakerlaken bumsten zwischen den Tasten.
Liebe. Nur Liebe.

Holy Brotherhood of Locomotive Engineers. Take away a Schmetterling and divide by a Maeterlinck. *A la fin ce fût déplorable.* In other words — "Itchy-koo and Kalamazoo." Or, in Japanese — "Aishite 'ru"! (I love you)

All in all, it was the old problem of the happy lunatic begging for love. "*I love you!*" If I said it in English it meant nothing. (Who would think, for instance, that a beautiful word like *Omanko* means cunt?) And if I said it in Japanese it was *verboten*, because premature. *To love.* "Easier said than done," she once told me over the telephone. Marry first, then talk about love — that was the general idea. Yet every night, at the piano bar, it was nothing but love, love, love. Rivers of love poured from the ivories; nightingales warbled in her throat, all singing of love among the roses. By one A.M. the joint was steaming with love. Even the roaches were friggin' away between the keys. Love. Just love.

Ein süßer Tod. Und auf japanisch klingt es sogar noch süßer: «*Gokoraku ojo.*»
Unter der Schminke war der Schatten ihres Lächelns. Und unter dem Lächeln verbarg sich die Melancholie ihrer Rasse. Wenn sie die Wimpern abnahm, waren da zwei schwarze Löcher, in die man hineinschauen und den Styx sehen konnte. Nichts trieb jemals an die Oberfläche. Alle Freuden, alle Sorgen, alle Träume, alle Illusionen waren tief in dem unterirdischen Strom verankert, in dem Tohuwabohu ihrer japanischen Seele.
Ihr schwarzes, träges Schweigen war für mich viel beredter als alles, was sie hätte sagen können.
Es war auch erschreckend, weil es von der vollkommenen Nichtigkeit der Dinge sprach. So ist es. So war es immer. So wird es immer sein.
What now, my love? Nichts. *Nada.* Am Anfang wie am Ende – Schweigen. Musik ist der verdammte Hohlsaum der gesichtslosen Seele. Im Grunde haßte sie die Musik. Im Grunde war sie eins mit der Leere.
«*Love Forever in Bossa Nova*»

a sweet death. And in Japanese it sounds even sweeter: "_Gokuraku ojo._"

Beneath the mascara was the shadow of her smile. And beneath the smile lurked the melancholy of her race. When she removed her eyelashes there were two black holes into which one could peer and see the river Styx. Nothing ever floated to the surface. All the joys, all the sorrows, all the dreams, all the illusions were anchored deep in the subterranean stream, in the Tohu Bohu of her Japanese soul.

Her black, sluggish silence was far more eloquent to me than any words she might utter. It was frightening too because it spoke of the utter meaninglessness of things. So it is. So it always was. So it always will be. What now, my love? Nothing. _Nada_. In the beginning as in the end — silence. Music is the bloody hemstitching of the faceless soul. At bottom she hated it. At bottom she was one with the void.

"_Love Forever in Bossa Nova_"

Nachdem das monatelang so gegangen war, mit
dem juckenden Zeh, den unbeantworteten Briefen, den fruchtlosen Anrufen, dem Mah-Jong,
der Verlogenheit und Doppelzüngigkeit, der Frivolität und Frigidität, begann der Gorilla der
Verzweiflung, zu dem ich geworden war, mit
dem Teufel namens Schlaflosigkeit zu ringen.
Morgens um drei, vier und fünf umherschlappend, begann ich, auf die Wände zu schreiben –
abgerissene Sätze wie «Dein Schweigen hat mich
nicht beeindruckt; ich schweige dich nieder.»
Oder «Wenn die Sonne untergeht, zählen wir die
Toten.» Oder (mit freundlicher Genehmigung
eines Freundes) – «Du würdest mich nicht suchen, wenn du mich nicht schon gefunden hättest.» Oder den Wetterbericht aus Tokio auf japanisch: «*Kumore tokidoki ame*». Manchmal nur
«Gute Nacht!» (*O yasumi nasai!*) Ich begann zu
spüren, wie der Keim eines neuen Wahnsinns in
mir aufging. Manchmal ging ich ins Badezimmer,
stellte mich vor den Spiegel und schnitt Gesichter, die mir eine Heidenangst einjagten. Manchmal saß ich einfach im Dunkeln und beschwor

And so, after months and months of it, what with the itching toe, the unanswered letters, the fruitless telephone calls, the mah jong, the mendacity and duplicity, the frivolity and frigidity, the gorilla of despair which I had become began to wrestle with the devil called Insomnia. Slip-slopping around at three, four and five in the morning, I took to writing on the walls — broken sentences like — "Your silence has meant nothing to me; I'll outsilence you." Or, "When the sun sets we count the dead." Or, (courtesy of a friend) — "You would not be looking for me if you had not already found me." Or the weather report from Tokyo, in Japanese: "<u>Kumore toki-doki ame</u>." Sometimes just "Good night!" (<u>O yasumi nasai</u>!) I began to sense the germ of a new insanity sprouting in me. Sometimes I went to the bathroom, looked in the mirror and made funny faces, which frightened hell out of me. Sometimes I just sat in the dark and implored

das Telefon zu klingeln. Oder ich summte vor mich hin – «Smoke gets in your eyes.» Oder ich brüllte «*Merde!*».
Vielleicht war das das Beste daran, so wahr mir Gott helfe. Wer kann das wissen? Ich hatte das schon x-mal durchgemacht, und doch war es jedesmal neu, anders, schmerzhafter, unerträglicher. Die Leute sagten, ich sehe großartig aus, werde jeden Tag jünger und lauter solchen Mist. Sie wußten nicht, daß ich einen Splitter in der Seele hatte. Sie wußten nicht, daß ich in einem satingefütterten Vakuum lebte. Sie schienen nicht zu merken, was für ein Schwachkopf ich geworden war. Aber ich wußte es! Zuweilen lag ich auf den Knien und suchte nach einer Ameise oder Kakerlake, mit der ich reden konnte. Ich bekam es satt, mit mir selbst zu reden. Ab und zu nahm ich den Hörer von der Gabel und tat so, als spreche ich mit ihr – und zwar gleich von Übersee. «Ja, ich bin es, Henry-san, ich bin in Monte Carlo (oder Hongkong oder Vera Cruz, egal). Ja, ich bin geschäftlich hier. Was? Nein, ich bleibe nur ein paar Tage. *Vermißt du mich?*

the telephone to ring. Or hummed to myself — "Smoke gets in your eyes." Or yelled "_merde_!"

Maybe this was the best part of it all, so help me God. Who can say? I had been through it before, dozens of times, yet each time it was new, different, more painful, more intolerable. People said I looked wonderful, was getting younger every day, and all that crap. They didn't know that there was a splinter in my soul. They didn't know that I was living in a satin-lined vacuum. They didn't seem to realize what a cretin I had become. But I knew! I used to get down on my knees and look for an ant or a cockroach to talk to. I was getting tired of talking to myself. Now and then I would take the receiver off the hook and pretend to talk to her — from overseas, no less. "Yes, it's me, Henry-san, I'm in Monte Carlo (or Hong Kong or Vera Cruz, what matter.) Yes, I'm here on business. What? No, I'll only be a few days. _Do you miss me_? What?

Was? Hallo, Hallo ...» Keine Antwort. Leitung tot.
Lustige Sache, wenn man die Nerven dafür hat. In meinem Alter wird man zum Experten. Selbst Byron mit seinem Klumpfuß hätte nicht mehr Methoden sich zu strafen ersinnen können als der romantische Idiot, der ich geworden war. Mit einer Hand die herausquellenden Gedärme zurückhaltend, konnte ich mit der anderen ein Ei jonglieren. (Den Japanern reicht es nicht, die Hoden einfach «Eier» zu nennen – es sind *kintama* oder goldene Eier.) Ebenso Geld (*kane*), wie bereits gesagt. Nie schmutziges Geld, sondern ehrenwertes Geld (*O kane*). Na ja, wenigstens lernte ich ein bißchen Japanisch. (Privatstunden. Nicht bei *ihr*.) Und je mehr ich lernte, desto weniger verstand ich die Japaner – das heißt, ihr Denken, ihren Geist, ihre Weltanschauung. Keine Anhaltspunkte in der Sprache. Hin und wieder glaubte ich, eine Spur gefunden zu haben. Zum Beispiel: *Asahi* bedeutet Morgenzeitung. *Asa mara* Morgenerektion. *Akagai*

Hello, hello...." No answer. Line dead.

Jolly business, if you have the guts for it. At my age you get to be an expert. Even Byron with his club foot couldn't have invented more ways to punish himself than the romantic idiot I had become. With one hand holding my guts from spilling out, I could juggle a ping pong ball with the other. (Referring to the testicles, the Japanese are not satisfied to simply call them "balls" — they're "*kintama*" or golden balls.) Like money (*Kane*), as I said before. Never dirty money, but honorable money. (*O Kane*) Well, if nothing else, I was learning a little Japanese. (Private lessons. Not from her.) And the more I learned the less I understood the Japanese — that is to say, their mind, their spirit, their Weltanschauung. Language-wise, nothing to identify with. Now and then I thought I got a clue. For example: *Asahi* means morning paper. *Asa mara* morning erection. *Akagai* can

kann eine fette Muschel oder eine fette Fotze sein, wie man will. Aber *Aishite 'ru* (ich liebe dich) – Vorsicht! Lieber einmal das Vaterunser beten als verfrüht «Ich liebe dich» sagen. Aber es ist immer richtig zu lächeln. Besonders, wenn man verletzt, beleidigt oder gedemütigt ist. Der Dolchstoß kommt später, wenn man ihn am wenigsten erwartet. Die Schneide gleitet so geschmeidig zwischen die Rippen wie die Hand in die Falte des Kimonos. Und wenn er kommt, der Dolch, ist die korrekte Reaktion – «Ah so!» Das löscht nicht nur eine Vielzahl von Sünden, sondern eine Vielzahl von Verbrechen.

Es heißt, das Paradies sei nur durch eine vorgestellte Linie von der Hölle getrennt. Ekstase und Verzweiflung sind Doppelgänger, das heißt, Brüder unter der Haut. Die Liebe kann ein Gefängnis ohne Türen und Fenster sein: man kann kommen und gehen, aber wozu? Die Dämmerung kann Freiheit oder Entsetzen bringen. Weisheit ist keine Hilfe, wenn man in einer Zwangsjacke steckt. So ist es. So war es. So wird es sein . . .

Wenn du die Läuse im Gehirn nicht loswerden kannst, versuche, im Dunkeln Walzer zu tanzen. Oder hol eine Stehleiter und schreib ihren Na-

can mean a fat clam or a fat cunt, whichever way you like. But <u>Aishite'ru</u> (I love you) — be careful! Better to recite the Lord's Prayer than to say "I love you" prematurely. Always safe to smile, however. Especially when hurt, insulted or humiliated. The stab comes later, when least expected. It slips between the ribs just as smoothly as the hand beneath the fold of the Kimono. And when it comes, the dagger, the correct response is — "Ah so!" This covers not only a multitude of sins but a multitude of crimes.

    Paradise is separated from Hell only by an imaginary line, so it is said. Ecstasy and despair are "Doppelgänger", that is to say, brothers under the skin. Love can be a prison without doors or windows; one is free to come and go, but to what avail? Dawn can bring freedom or terror. Wisdom is of no help when one is in a strait-jacket. So it is. So it was. So it will be......

    When you can't get the lice out of your brain try waltzing in the dark. Or get a step-ladder and write her

men in Braille an die Decke. Wenn du dann mit hinter dem Kopf verschränkten Händen im Bett liegst, stell dir vor, du seist blind für ihre Fehler und danke Gott Buddha für seine Gnade und Barmherzigkeit. Denk an all das Schöne, was du ihr hättest sagen können und wiederhole es wie eine Litanei. Streu einen Joker ein wie – «Vielen Dank, daß du mich immer Liebling genannt hast.» Das mag nicht gerade guter Ton sein, aber selbst auf große Entfernung wickelst du sie damit um den kleinen Finger. In einem Bambuswald kann man sich zwar verirren, aber man kann immer die Sterne über sich sehen. Der Himmel beschützt den Toren, aber er schenkt ihm keine Ruhe. Er denkt, morgen ist ein anderer Tag, aber das ist es nie – es ist immer der gleiche Tag, der gleiche Ort, die gleiche Zeit. Es ist immer Stormy Weather, und die Sicht ist null. Selbst wenn es keinen Frieden, keinen Gott, keinen Sonnenschein gibt, glaubt er noch an Wunder. Was zu erkennen er sich weigert, ist, daß *er* das Wunder ist.

Verlangt Liebe, wahre Liebe, vollkommene Selbstaufgabe? Das war schon immer die Frage. Ist es nicht menschlich, eine wenn auch kleine

name in Braille on the ceiling. Then, lying in bed with your hands behind your head, imagine you are blind to her faults and thank the Lord Buddha for his grace and charity. Remember all the beautiful things you might have told her and repeat them like a litany. Throw in a joker, like — "Thank you for always calling me darling." It may not be etiquette but even at long distance it gets them by the short hairs. In a bamboo forest you may get lost but you can always see the stars above. Heaven protects the fool but gives him no rest. He thinks tomorrow is another day, but it never is — it's always the same day, the same place, the same time. It's always stormy weather and the visibility nil. Even if there be no peace, no God, no sunshine, he still believes in miracles. What he refuses to recognize is that _he_ is the miracle.

    Does love, true love, entail full surrender? That was ever the question. Is it not human to expect some return,

Gegenleistung zu erwarten? Muß man ein Übermensch oder ein Gott sein? Gibt es Grenzen des Gebens? Kann man ewig bluten? Manche reden von Taktik, als wäre es ein Spiel. Zeig deine Karten nicht! Halt dich zurück! Entzieh dich! Immer etwas vortäuschen! Auch wenn dir das Herz bricht, verrate nie deine wahren Gefühle. Tu immer so, als ob nichts dir etwas ausmacht. Das ist der Rat, den sie dem Liebeskranken geben.

Aber wie Hesse sagt – «Liebe muß die Kraft haben, in sich selbst zur Gewißheit zu kommen. Dann wird sie nicht mehr gezogen, sondern zieht.»

Und dann –?

Dann helfe uns Gott, denn das, was wir ziehen, mag ganz und gar nicht nach unserem Geschmack sein. Und das, was wir so ersehnt haben, mag sich als nicht mehr wünschenswert erweisen. Und ob wir nun ziehen oder gezogen werden, was zählt, ist die eine und einzige. Die *bakari*. Wichtiger als Erleuchtung ist die fehlende Hälfte. Die Buddhas und die Christi sind vollkommen geboren. Weder suchen sie Liebe

however small? Must one be a superman or a god? Are there limits to giving? Can one bleed forever? Some talk of strategy, as if it were a game. Don't show your hand! Play it cool! Back away! Pretend, pretend! Though your heart is breaking never betray your true feelings. Always behave as if nothing matters. That's the kind of advice they give to the love-lorn.

However, as Hesse says — "Love must have the power to find it's own way to certainty. Then it ceases merely to be attracted and begins to attract."

And then ———?

Then God help us, for what we attract may not be at all to our taste. And what we so longed for may prove to be no longer desirable. And whether we attract or are attracted, all that matters is the one and only. The "bakari". More important than enlightenment is the missing half. The Buddhas and the Christs are born complete. They neither seek

noch geben sie Liebe, denn sie sind die Liebe selbst. Aber wir, die wir wieder und wieder geboren werden, müssen entdecken, was Liebe bedeutet, müssen lernen, Liebe zu leben, wie die Blume Schönheit lebt.
Wie schön, wenn man bloß daran glauben, danach handeln kann! Nur der Narr, der absolute Narr, ist dazu fähig. Er allein ist frei, die Tiefen auszuloten und die Himmel zu durchstreifen. Seine Unschuld bewahrt ihn. Er braucht keinen Schutz.

love nor give love,(33) because they are love itself. But we who are born again and again must discover the meaning of love, must learn to live love as the flower lives beauty.

How wonderful, if only you can believe it, act on it! Only the fool, the absolute fool, is capable of it. He alone is free to plumb the depths and scour the heavens. His innocence preserves him. He asks no protection.

KADENZ

Und jetzt ein paar Worte zu den Bildern ...
Fisch oder Fleisch? Gruel oder Pantagruel? Auf jeden Fall
«gleichen Wesens» mit dem vorherrschenden Wahnsinn. Oder
sollen wir sagen «Skizzen der Nichtigkeit», um die Wendung
eines japanischen Schöngeists zu gebrauchen.
Legen wir die Schönheit nicht auf die Schlachtbank. Die Illustrationen, die, um es noch einmal zu sagen, gleichen Wesens
mit der Nichtigkeit des Stoffs sind, erheben nicht den Anspruch, schön, geistreich, verrückt oder irgend etwas anderes
zu sein. Sie sind vom gleichen Schlag wie der Text, und der
Schlüssel zu beiden ist die Schlaflosigkeit. Einige der Illustrationen sind weder Bilder noch Zeichnungen, sondern bloß
Worte und oft reiner Hokuspokus oder Geschwätz. Sie reflektieren die verschiedenen Stimmungen um drei Uhr morgens.
Einige wurden mit Vogelfutter bestreut, einige mit *songes* und
einige mit *mensonges*. Einige tropften vom Pinsel wie rosa
Arsen; andere klumpten zusammen, und es wurden Striemen
und Beulen daraus. Einige waren organisch, einige anorganisch, aber sie waren alle dazu bestimmt, ihr eigenes Leben im
Garten des Unsinns zu führen. Keine ist ganz *nature morte*, das
heißt – *koscher*. Alle sind vom Atem des Teufels angehaucht,
und nichts kann sie läutern als eine Überdosis Lysol. Im Prinzip
verdeutlichen sie Blakes Wort, «der wütende Tiger ist weiser
als der dressierte Gaul». In ihrer «Wesensgleichheit» bilden sie
eine merkwürdige Mischung von Schmerz, Schmeichelei, Frustration, Melancholie und vollkommenem Unsinn. Mit anderen Worten, frivole Scheiße.
Bei meiner ersten Reise nach Persien, etwa 731 vor Christus,

beeindruckte mich der einsame Zauber, der in der Verbindung von Worten und Formen lag. Ein paar Jahrhunderte später, auf der Reise durch den Fernen Osten, beeindruckte mich wiederum die Verbindung von Liebe, ätherischer Liebe, und Illusion. Kurz, die «Wesensgleichheit» von Ekstase und dem ewigen Tohuwabohu, die später durch den fehlenden goldenen Topf am Fuße des Regenbogens symbolisch ausgedrückt wurde. Äonen später, im Limbus, entdeckte ich die wahre Bedeutung des *Goldenen Schnitts*, der die Alten so lange verwirrt hatte, daß im Mittelalter die Führung an Hieronymus Bosch überging.

In der gegenwärtigen Inkarnation habe ich viel von der auf den Wanderungen zwischen den Welten erworbenen Technik, dem handwerklichen Können, angewandt. Ich hatte es sozusagen gelernt, wie man Ignoranz mit Anmaßung aufzäumt. Ich war jetzt bereit, ein nicht anerkannter Aquarellmaler zu werden. Meine ersten, im Mutterleib unternommenen Versuche waren nicht allzu entmutigend. Da hingen sie, im ganzen Schmuck ihres Heroldspontifikats an die gemütliche Auskleidung des mütterlichen Uterus gepinnt. Nachts, wenn ich keine Lust mehr hatte, auf die Musik der Abflüsse (mit anderen Worten: des mütterlichen Pipis) zu horchen oder die Seiten des zur pränatalen Unterweisung bereitgestellten Talmud zu studieren, schaukelte ich selig in der uterinen Hängematte und betrachtete mein Werk mit fetaler Freude.

Meine Bilder übten eine Art babylonischer Faszination auf mich aus. Wie bereits gesagt waren sie weder Fisch noch Fleisch, weder Gruel noch Pantagruel. Sie waren einfach. Und ich glaube, daß Beelzebub sie so wollte. Schließlich war ich kein Cézanne auf der Suche nach den goldenen Äpfeln der Hesperiden.

Um die Wahrheit zu sagen, hatte ich zu der Zeit noch nicht einmal entschieden, welches Geschlecht ich sein würde. Ich war rein und zwitterhaft, zumindest im Geiste. Auch hatte ich noch nicht beschlossen, ob ich als Schmetterling oder Walroß aus dem Kokon hervorgehen würde. Ich erinnere mich, daß ich von musikalischen Neigungen befallen war. Neigungen, die mich später ins Verderben stürzen sollten. Ja, damals war mir nicht klar, welche Folgen meine Verseuchung mit Humperdinck, Palestrina, Gatti-Casazza und ihrer Brut von Kontrapunktikern haben würde. Das Leben stand noch im Frühlingspunkt, Venus und Saturn taten so, als tanzten sie ein Menuett auf dem gestirnten Rasen des Tierkreises. Die Kathedralen waren noch im Entstehen, die Troubadoure und Matadore, Leda und der Schwan hatten ihre ruchlosen *amours* noch nicht einstudiert. Liebe lag in der Luft, zusammen mit Unwissenheit und Wahnsinn; die Engel tanzten fröhlich auf abergläubischen Stecknadelköpfen, aber Sex war in einem anderen Sektor, wahrscheinlich im Schwarzen Loch von Kalkutta. Also *alles die reinste Unschuld.*

Es war um diese Zeit, daß alles begann: der Flirt mit dem Selbstmord, die Unterweisung in Rhetorik, die Gioconda-Besessenheit, der Flug ins Reich der Träume, der Empfang des Zauberstabs und die Wahl zwischen Marie Corelli und Petronius Arbiter. Plötzlich erscheint Turner am Horizont, milchig wie das Schlachtroß Bukephalos, in rosigen Omelettes und architektonischen Aquarellfarben herumplanschend. Die Würfel sind gefallen. Es ist Zeit, das Lager des Schoßes zu verlassen. Zeit, den Pinsel zu schwingen – zuerst als Scharlatan, dann als *entrepreneur* und schließlich als Maestro Rocambolesque, der sich in Purpurrot, Chromgelb und Mittelmeerblau verliebt hat.

Den von der königlichen Akademie für Künste festgelegten Regeln, Geboten und Vorschriften zuwiderzuhandeln war ziemlich einfach. War ich nicht in Chaos, Unwissenheit und Seligkeit bemuttert worden? *Kultur* schluckte ich auf einen Zug, den Revolver immer schußbereit, für den Fall, daß sie es wagen sollte, ihr tückisches Haupt zu heben. Über Nacht wurde ich Dadaist, getreu der Lehre meines unbekannten Meisters Kurt Schwitters, des berühmten Schweizer Käsemagnaten. Am Vorabend meiner Wandlung zum Surrealisten erfuhr ich plötzlich einen Rückfall und verliebte mich Hals über Kopf in die alten Meister. Im täglichen Umgang mit Carpaccio, Fra Angelico, Minnestrone, Uccello und dergleichen, ganz zu schweigen von della Francesca, Cimabue, Giotto und Masaccio, tappte ich arglos in die von den Mönchen und Onanisten des frühen Mittelalters gestellte Falle.

Es war zu der Zeit, daß ich lässig Ausstellungen gab, zuerst in June Mansfields Roman Tavern (Greenwich Village) und später in den verschiedenen Hauptstädten Europas, mit Ausnahme von Minsk und Pinsk. Mitten in meiner Karriere revidierte ich à la Rubinstein meine Technik, um meine Neigung zum Preziösen zu zügeln. Von Bunker Hill, L. A., bis Beverly Glen, L. A., machte ich es mir zum Prinzip, Galerien und Museen, Pedanten und Propheten zu meiden. Mittlerweile war mein Ruhm derart geschwunden, daß ich mich gezwungen sah, mein Werk für solche Lappalien wie Regenschirme, Kordhosen, Rasierklingen oder irgend etwas anderes, das ich nicht gebrauchen konnte, herzugeben. Das wirkte sich sowohl heilsam als auch wohltuend aus. Ich entdeckte, daß es darum ging, so zu malen, als ob ich nichts wüßte, was natürlich der Fall war. Nichts zu malen oder das, was dem entspricht, war der nächste Schritt. Natürlich gelang mir das nie.

Es war während dieser Übergangsperiode, daß ich einem abgeirrten Astrologen in die Klauen fiel, der vorgab, meinem Werk große Bedeutung beizumessen. Mit einer Glückshaube geboren, hatte er schon in der Grundschule eine Leidenschaft für die Eschatologie entwickelt. Unter dem Einfluß geistiger Getränke, die ihm nicht recht bekommen wollten, schwadronierte er bis in die frühen Morgenstunden hinein vom Ende der Geschichte, von der Auferstehung des Fleisches und der Wiedergeburt all der Avataras von Constantibulus bis Spasmodicus Apostrabulus. Unter seiner Anleitung lernte ich nicht nur, mit der linken Hand, sondern auch mit verbundenen Augen zu malen. Heute schaudert mir bei dem Gedanken an die unter der Anleitung dieses eschatologischen Besessenen erzielten Resultate. Eines jedoch hat er vollbracht, nämlich mich von den Fesseln des Perfektionismus zu befreien. Von da an führte mein Weg unvermeidlich zum Nest der Nachtigall.

Meine *uguisu*, wie die Japaner die Nachtigall nennen, besaß

nicht nur eine vollkommene Stimme, sondern hatte auch eine Vorliebe für das *ukiyoe*, *shabu-shabu* und die tiefgründigeren Bereiche der angelsächsischen Sprache entwickelt. Ich hatte es schwer, etwas zu erfinden, das sie nicht schon gesehen, gelesen oder gehört hatte. Nach einer Nacht, wenn sie ihr Repertoire erschöpft hatte, summte ich beim Schlafengehen eines dieser sentimentalen Liedchen, die sie mir eingeimpft hatte. («More than the greatest love the world has known, this ist the love I'll give to you.») Kurz vor Tagesanbruch erhob ich mich dann von meinem Lager der Verzückung und malte ein Aquarell, um es ihr am nächsten Abend mitzubringen. Ich hatte das Stadium der Schlaflosigkeit noch nicht erreicht. Es war die reine Euphorie, hin und wieder durch einen nassen Traum unterstrichen, in dem das archetypische Mutterbild auf ungeheuerliche Weise mit der Nachtigall verschmolz.

Um alles noch irrwitziger zu machen, war ich Skrjabin-süchtig geworden, zutiefst aufgewühlt von seinen unaufgelösten Quarten und seinen funkelnden Regenbogen-Kokain-Effekten in den Obertönen. Gleichzeitig las ich Knut Hamsuns Romane für die Liebeskranken wieder, besonders die *Mysterien*. Wieder sah ich mich als einen zweiten Herrn Nagel mit einem Geigenkasten voll schmutziger Wäsche. Bei meinen täglichen Spaziergängen um den Block wiederholte ich immer wieder jenen denkwürdigen Satz: «Guten Morgen, Fröken, würden Sie mir erlauben, Sie ein wenig an der Puffe anzufassen?» Ich geriet über alles und jedes aus dem Häuschen, selbst über einen japanischen Kalender. Ich war verzaubert und geblendet. Ich ging soweit, einen Majolika-Nachttopf zu kaufen, den ich nie benutzte. Beim Rasieren schnitt ich Gesichter, bloß um mir zu beweisen, daß ich glücklich und verblödet aussehen konnte, wenn ich wollte.

Schließlich kamen der gebrochene Zeh, die imaginären Anrufe – und die Schlaflosigkeit. Jetzt war ich reif für die Swedenborgsche Phase, mit anderen Worten für den Übergang zur Mystico-doloroso-Gestalt. Engel umschwärmten mich wie betrunkene Tauben. Sprachen, die ich vergessen hatte, kamen mir ungeheißen und syntaktisch perfekt über die Lippen. Ich verkehrte so mühelos mit den Verstorbenen wie mit den Nachbarn von nebenan. Vor und nach dem Frühstück ging ich in die Synagoge, um mit dem verstorbenen Baal-Schem-Tob zu kommunizieren. Mittags war es *Gaspard de la nuit* in der Gestalt von Gilles de Retz. Ich hatte einen Fuß auf der Himmelsleiter und den anderen in einer Jauchegrube. Kurz und gut, ich war drauf und dran, aus dem Leim zu gehen.

In diesem kakodämonischen Zustand begann ich die Wort-Bilder, die, wie ich bereits gesagt haben mag, weder Gruel und Pantagruel sind, sondern «gleichen Wesens», «durchlässig und befleckt». Es war in dieser Stimmung, daß Maeterlinck und Schmetterlink sich mit dem Beistand von Huris, Divas und Odalisken vereinten. Es war die Zauberstunde, wenn der Drache die Ekliptik kreuzt und Transvestiten fleischliche Liebe zu heucheln beginnen. Mein Verlangen nach dem *insolite* und dem Unvereinbaren stand im Zenit. Ich brauchte nur an ein

Pferd zu denken, an irgendeinen alten Gaul, und schon tänzelte er auf den Hinterbeinen, und Flammen schossen aus seinen Nüstern. (Und meine *uguisu*? Wahrscheinlich lackierte sie sich gerade die Fußnägel oder rechnete ihre Trinkgelder in imaginäre Yen um.) Welche Vorstellung mir auch in den Sinn kam, sie genügte, um mich zu reizen und meinen Wortschatz zu schärfen. Während ich malte, redete ich mit ihr auf japanisch, Urdu, Choctaw oder Suaheli. Ich verherrlichte und verleumdete sie gleichzeitig. Gelegentlich malte ich sie, in Anlehnung an Bosch, den Eingeweihten, in einem Stundenglas voller Spinnen, Motten, Ameisen und Kakerlaken. Wie auch der Hintergrund war, sie sah immer engelgleich, jungfräulich und rätselhaft aus.

Um fünf Uhr morgens klingelte gewöhnlich der Wecker, das Signal, eine Schlaftablette zu nehmen und den Tag abzuschreiben. Meistens hatte ich einen leichten Schlaf, ich schrieb und malte weiter oder erfand Kreuzworträtsel, die keinen Sinn ergaben. Manchmal versuchte ich, mein Horoskop für die nächsten Monate aufzustellen, aber vergeblich. Schließlich starb die Anima, *ihre Anima*, die sich an mich herangepirscht hatte, an Entkräftung. An Stelle des nächtlichen Gekrakels begann ich Klavier zu spielen, angefangen von Czerny bis zu Leschetitzki und seinem ständigen Gefährten Lord Busoni. Ich transponierte alles in fis-Moll und brach mir dabei sämtliche Fingernägel ab. Auf diese Weise trieb ich schließlich den Dibbuk aus und stellte ihn unter Kuratel. Ich lernte, mit meiner Schlaflosigkeit zu leben und sie sogar zu genießen. Der letzte Touch war, die Nachtigall aus ihrem goldenen Käfig zu befreien und ihr still den Hals umzudrehen. Von da an lebten wir glücklich, was die Art und Weise der wahren Liebe ist.

Henry Miller